PUBLICATIONS DE LA SOCIÉTÉ FRANÇAISE D'HYGIÈNE

HYGIÈNE ET ÉDUCATION PHYSIQUE

DE LA

DEUXIÈME ENFANCE

(PÉRIODE DE 2 A 6 ANS)

RÉDIGÉ PAR UNE COMMISSION DE LA SOCIÉTÉ
MM. R. BLACHE, A. HOULES, LE COIN, rapporteurs.

PARIS
AU BUREAU DE LA SOCIÉTÉ
30, RUE DU DRAGON, 30
1882

BUREAU DE LA SOCIÉTÉ FRANÇAISE D'HYGIÈNE
1882.

Président d'honneur : S. M. Don Pedro II, Empereur du Brésil ;

Président : M. Marié-Davy ;

Vice-Présidents : MM. Durand-Fardel, Moutard-Martin, Bonnafont, Muller ;

Secrétaires : MM. de Pietra Santa, Joltrain, Saffray, Ménière (d'Angers), Landur, G. Meynet.

Membres du Conseil d'Administration :

MM. Durand-Claye, Péan, Limousin, Passant, Tollet, Calvo, Mallez, Brochard, Ladreit de Lacharrière, Domerc (*Paris*).

MM. Maurin, Lecadre, Rampal, Nivet, Evrard, Houzé de l'Aulnoit, Levieux, G. Trapenard, Farina Tourasse (*Province*).

Trésorier : M. Tréhyou.

Bibliothécaire : M. Dromain.

Chef du Laboratoire : M. E. Lebaigue.

HYGIÈNE ET ÉDUCATION PHYSIQUE

DE LA

SECONDE ENFANCE

(PREMIÈRE PÉRIODE DE 2 A 6 ANS.)

Tel était le titre de la question mise au concours de la Société française d'hygiène pour l'année 1881.

La Commission, composée de MM. Durand-Fardel, *président*, Barbette, Bégin, E. Cacheux, O. Comettant, Goyard, A. Houlès, Hubert, Ladreit de Lacharrière, Le Coin, Meynet, Ménière (d'Angers), de Pietra Santa, Warmont, Blache, *rapporteur*, après avoir soigneusement examiné les neuf mémoires envoyés au concours, a proposé de décerner les récompenses suivantes :

Médaille de vermeil :

M. WEILL (Jacob), médecin-major de 1re classe (à Châlons-sur-Marne).

Médaille d'argent :

M. le Dr LISSONDE (à Paris).

Médailles de bronze :

MM. le Dr A. MULLER (d'Altkirch),
Dr GOLAY (de Genève),
Dr E. DE LA HARPE (de Lausanne).

Utilisant alors les précieux matériaux de ces importants mémoires, la Société a confié à MM. Blache, A. Houlès et Le Coin, le soin de rédiger la présente brochure qui devient ainsi l'œuvre de la Société française d'hygiène.

TABLE DES MATIÈRES.

	Pages
Avant-propos	3
I. L'Habitation	4
II. L'air et la Lumière	6
III. La Température	7
IV. Le Coucher	9
§ Ier. — *Le Lit*	9
§ II. — *Le Sommeil*	10
V. Les Vêtements	11
Chaussures	13
VI. La Nourriture	15
VII. Les Soins corporels de propreté	19
Bains et Toilette	20
VIII. Hygiène et Éducation des sens	21
§ Ier. — *Le Toucher*	22
§ II. — *Le Goût*	23
§ III. — *L'Odorat*	23
§ IV. — *L'Ouïe*	24
§ V. — *La Vue*	25
IX. Exercice. Sorties. Promenades	27
X. L'étude. — *Ses dangers dans la seconde enfance*	29
XI. L'hygiène comme morale préventive	30
Conclusion	31

HYGIÈNE ET ÉDUCATION PHYSIQUE

DE LA

SECONDE ENFANCE

Première période de 2 à 6 ans.

Avant-Propos.

L'enfant a deux ans, il commence à marcher, il prononce quelques paroles et se met en communication avec ce qui l'entoure par le corps et par la pensée : l'intelligence s'éveille. Avec cette nouvelle phase de l'existence, des devoirs nouveaux s'imposent à la mère, et loin d'être finie, la mission que Dieu lui a donnée dès les premiers jours semble devenir plus importante. Elle doit développer, compléter l'œuvre qu'elle a déjà commencée ; elle doit, par des soins intelligents, rendre ce jeune être fort et robuste et le préparer de loin aux luttes de la vie. Pour la soutenir dans l'accomplissement de sa tâche, la plus noble de toutes, qu'elle n'oublie jamais que la santé de l'enfant est ce que la mère la fait, et que sur ses genoux elle doit former le plus beau des chefs-d'œuvre, un honnête homme et une honnête femme. On ne pense pas assez de nos jours qu'il est important de s'occuper dans le premier âge de l'éducation corporelle de l'enfant. On se hâte trop de mettre son intelligence en activité, on est fier d'avoir de petits prodiges et on surmène ces pauvres petits êtres, qui, petits prodiges à quatre ans, seront à dix ans des enfants incapables d'étude.

Diriger sagement le développement corporel de l'enfant, éloigner de lui tout ce qui pourrait le retarder, tout ce qui pourrait devenir une cause de maladie pour le présent comme pour l'avenir, rechercher les conditions dans lesquelles il sera le plus facile de combattre ces tristes germes que les parents transmettent à leurs enfants, comme un juste châtiment d'une vie de débauche ou comme le triste héritage d'une santé épuisée par la maladie ; en un mot fortifier le corps et prévenir la maladie, tel est le but de l'hygiène de la seconde enfance.

Nous nous efforcerons, dans ces quelques pages que nous dédions surtout aux pères et aux mères de famille, de donner de la manière la plus claire et la plus précise, les préceptes d'hygiène pour l'éducation physique des enfants pendant la première période de la seconde enfance, c'est-à-dire de 2 à 6 ans, à l'âge où l'enfant quitte la famille pour entrer à l'école.

I

L'Habitation.

L'habitation à choisir par un père de famille, doit être aussi vaste que possible, bien aérée, largement éclairée et surtout exempte d'humidité. On doit éloigner de la maison tout ce qui, en se corrompant, pourrait vicier l'air et engendrer des maladies. Aussi la plus grande propreté doit-elle régner à l'intérieur et dans tout le pourtour de l'habitation. On doit, à la ville comme à la campagne, éviter les rez-de-chaussée, surtout ceux qui sont en contrebas. On doit préférer dans les villes, les maisons situées sur les quais, les places publiques, dans les rues larges et droites : l'air s'y renouvelle avec plus de facilité, et le soleil les visite plus souvent.

Mais tout le monde ne peut choisir son habitation ; il y a bien des ouvriers, bien des malheureux pères de famille qui ne peuvent donner à leurs enfants que de pauvres logements. A eux surtout nous recommanderons d'éviter les rez-de-chaussée, plus froids, plus humides et moins aérés que les autres étages de la maison, ainsi que les logements construits sous les toits, trop froids en hiver et trop chauds en été.

Au pauvre comme au riche nous dirons que la chambre la plus vaste, la mieux exposée, celle qui reçoit les rayons du soleil levant, doit être choisie de préférence pour les enfants : plus que les autres membres de la famille, ils ont besoin d'air et de soleil, on ne saurait trop en avoir dans la chambre qu'ils habitent. Point d'alcôves fermées, point de cabinets obscurs, pas de rideaux au lit : il faut que l'air circule librement autour de la couche pendant le sommeil.

Si la maison est assez vaste, il sera bon de réserver une grande pièce pour faire jouer les enfants les jours de pluie et de mauvais temps.

Par contre, on fera bien d'envoyer à la salle d'asile les enfants de 2 à 6 ans dont les familles seraient trop étroitement logées. C'est bien assez que ces petits êtres passent la nuit dans un air vicié que l'on ne peut facilement renouveler. Que l'on éloigne de la chambre pendant la nuit, les fleurs, les animaux et tout ce qui pourrait altérer la pureté de l'air.

Dès que l'enfant a quitté la chambre après son lever, il est important d'ouvrir les fenêtres largement, de balayer la pièce avec beaucoup de soin et de débarrasser le parquet du duvet, de la poussière qui s'accumulent sous les meubles, à l'aide d'un chiffon légèrement humecté. Si on est obligé de laver le plancher, on choisira de préférence pour cette opération une journée chaude et sèche, on ouvrira largement les fenêtres, on établira un courant d'air rapide pour faire disparaître promptement l'humidité. Si cette opération a été faite en hiver et que l'on ne puisse facilement établir un courant d'air, on devra faire du feu dans le poêle ou la cheminée pour obtenir le résultat voulu.

Que l'on n'oublie jamais que la santé des enfants dépend beaucoup de la propreté de l'habitation.

II

L'Air et la Lumière.

Si on avait à choisir pour un enfant entre une bonne nourriture et un air pur à respirer, il ne faudrait pas hésiter, on devrait donner à ce dernier la préférence. Aussi nous ne saurions trop recommander aux parents de donner largement de l'air à leurs enfants dans la chambre à coucher, comme nous l'avons dit, mais surtout de les faire vivre au grand air le plus possible. Ils reçoivent ainsi, non seulement l'action bienfaisante de l'air, mais aussi l'action non moins bienfaisante de la lumière.

Les enfants qui sont élevés dans les habitations des grandes villes, qui sont rarement exposés à l'action du grand air et du grand jour, se développent tardivement, sont pâles, ont les chairs molles et bouffies, souvent leurs membres sont déformés, et de bonne heure se développent chez eux les germes de ces terribles maladies de poitrine qui font tant de victimes. L'absence d'air et de lumière font des poitrinaires, d'enfants, qui, élevés à la campagne, auraient pu devenir forts et robustes. Une plante privée d'air perd sa force et sa couleur, il en est de même pour les enfants.

A partir de deux ans le bébé peut marcher, courir, s'agiter et par cela même il aura moins à redouter le froid, aussi peut-on sans inconvénient l'exposer à l'air. Petit à petit il s'habituera aux changements de température et il pourra sortir à peu près par tous les temps. Nous allons donner quelques règles pour diriger les mères dans la question des sorties des enfants.

Au fort de l'été, le bébé doit rester dehors la plus grande partie de la journée ; au printemps et en automne, pas moins de quatre ou cinq heures ; en hiver, tout le temps que le soleil brille.

Ces règles doivent être subordonnées à la santé de l'enfant, au pays que l'on habite, au temps qu'il fait. Ainsi, par un froid humide, on ne peut laisser un enfant dehors aussi longtemps que par un temps de froid sec ; pendant les journées chaudes et sèches, l'enfant pourra passer la journée presque entière en plein air, il n'en serait pas de même par une chaleur humide, toujours dangereuse pour la santé des enfants qu'elle affaiblit. Les sorties du matin sont préférables aux sorties de la soirée : dans tous les cas, il faut faire rentrer les enfants avant le coucher du soleil et ne les faire sortir que pour des raisons graves. En hiver, quand les enfants rentrent dans une pièce chauffée, ne leur permettez pas de s'approcher de trop près du feu, vous éviterez bien des brûlures et bien des accidents qui proviendraient du passage trop subit du froid au chaud, dont le moindre est l'apparition de douloureuses engelures.

III

La Température.

La chambre des enfants ne doit pas être froide, mais elle doit encore moins être trop chauffée ; elle n'aura pas plus de 14 à 15 degrés centigrades et moins de 10. Une trop forte chaleur affaiblit, énerve les enfants et les expose à des refroidissements dangereux, sources de maux de gorge, de rhumes et même de fluxions de poitrine, s'ils sont obligés de passer dans une pièce plus fraîche, ou s'ils sont exposés à des courants d'air.

Le mode de chauffage que l'on doit préférer pour la

chambre à coucher des enfants est la cheminée. Elle laisse perdre, il est vrai, beaucoup de chaleur et, à cause de cela, elle est peu économique, mais elle facilite le renouvellement de l'air dans la pièce et elle constitue ainsi le mode de chauffage le plus hygiénique. Il faut seulement entourer la cheminée d'une grille assez élevée pour que les enfants ne puissent pas toucher au feu.

Si on est obligé de recourir au poêle comme moyen de chauffage, il faut que la porte de l'appareil soit dans la chambre et non à l'extérieur, pour assurer la ventilation ; de plus, si le poêle est en fonte, il faudra qu'il soit revêtu de briques à l'intérieur et entouré d'une grille à l'extérieur ; on évitera ainsi des accidents qui se produisent parfois avec les poêles ordinaires.

On doit proscrire d'une manière absolue les réchauds au charbon et bien veiller à ne jamais fermer les soupapes des tuyaux de poêles ou de cheminées à la prussienne pour conserver la chaleur dans les appartements. On s'exposerait à de graves dangers si on n'observait pas rigoureusement cette règle : bien des petits êtres sont morts asphyxiés parce que leurs parents l'avaient oubliée.

On ne doit chauffer la chambre des enfants que dans le cas où l'on craint de les refroidir en les déshabillant. Dans ce cas on ne fera du feu que peu d'instants avant de mettre les enfants au lit.

L'éclairage de la maison a sur la santé des enfants une influence plus grande qu'on ne le croit souvent, car il altère l'air et répand sans cesse des principes nuisibles à la santé. Evitez les lampes à huile minérale, elles exhalent dans l'air des produits malsains et deviennent trop souvent la cause de brûlures graves et d'incendie par leur facilité à détoner et à s'enflammer : le pétrole est la plus dangereuse de toutes. Dans tous les cas il faut se servir d'huile épurée, et il est encore préférable de se servir d'huile ordinaire.

L'éclairage au gaz ne doit jamais être employé dans les chambres à coucher ; il altère l'air rapidement et peut devenir une cause incessante de danger par les fuites qui se déclarent souvent. Quel que soit le mode d'éclairage employé, il faut habituer les enfants à s'endormir sans lumière.

IV
Le Coucher.

§ I. — Le Lit.

Le lit de l'enfant sera toujours de la plus grande simplicité, ni trop dur, ni trop mou, modérément chargé de couvertures, et sans rideaux pour que l'air puisse facilement circuler tout autour.

Que le lit soit en fer, la vermine et les mauvaises odeurs s'y attacheront moins, et il sera plus facile de le nettoyer. Qu'il soit un peu profond pour éviter les chutes. Un matelas et un oreiller de crin ou de matières végétales telles que balles d'avoine, feuilles de maïs, fougère, varech, etc.; un sommier métallique ou une paillasse de paille et foin supportant le matelas, des draps de toile ou de coton en formeront l'ameublement. Il ne faut jamais se servir de matelas de laine ou de plume et surtout ne jamais plonger l'enfant dans de gros édredons, comme on le fait trop souvent dans les campagnes.

Le meilleur vêtement de nuit consiste en une longue chemise fermée au cou et aux poignets et dépassant les pieds de vingt centimètres. Cette sorte de sac ne gêne en rien le mouvement de l'enfant, le protège d'une manière efficace contre le refroidissement et l'empêche de prendre de mauvaises habitudes. Il sera bon d'apprendre de bonne heure aux enfants à coucher la tête découverte : c'est aussi utile pour les petites filles que pour les petits garçons.

Il faudra changer souvent les draps de lit, et chaque

matin secouer toutes les pièces du couchage, les exposer à l'air, les passer à l'air pour ainsi dire : il faudra aussi nettoyer avec soin et fréquemment avec de l'eau bouillante les vases de nuit, pour faire disparaître l'odeur que l'urine leur communique.

§ II. — LE SOMMEIL.

Les petits enfants font une énorme dépense de forces, aussi ont-ils besoin de dormir beaucoup. Jusqu'à l'âge de quatre ans les enfants doivent dormir douze heures chaque nuit ; de quatre à six ans dix heures peuvent suffire. S'ils ont conservé l'habitude de faire un sommeil dans la journée, il faut que ce soit de onze heures du matin à une heure ou de midi à deux heures, pour ne pas empêcher la promenade quotidienne que l'on ne peut faire, surtout en hiver, que dans le milieu de la journée.

L'enfant se couchera de bonne heure, qu'il le désire ou non, vers huit heures au plus tard en été, vers sept heures en hiver.

Sous aucun prétexte il ne doit ni veiller, pour être associé aux réunions bruyantes, ni se livrer avant de se coucher à des jeux excessifs, car son sommeil serait agité, son repos moins complet, ce qui ne pourrait avoir qu'un funeste résultat pour sa santé.

Un enfant ne doit pas être endormi sur les genoux de sa mère, puis déposé sur un lit, il faut l'habituer à s'endormir sans être bercé, sans musique d'aucune sorte et sans lumière dans la chambre ; agir autrement c'est lui donner des habitudes dont il aura de la peine à se débarrasser plus tard.

Avant d'aller se coucher, une mère attentive ira voir son enfant, le prendra dans ses bras pour le faire uriner : c'est le meilleur moyen de donner aux enfants des habitudes de propreté.

Si l'enfant demande à boire pendant la nuit, il n'aura que de l'eau pure et jamais d'eau sucrée.

S'il se réveille tourmenté de cauchemars, on ne le brusquera pas, on le rappellera doucement au sentiment de la réalité, mais on ne devra jamais le prendre au lit avec soi ; une telle condescendance dégénérerait facilement en habitude, et cela ne serait pas sans de graves inconvénients.

V

Les Vêtements.

Les vêtements sont destinés à garantir le corps contre les changements de température, à entretenir un certain degré de chaleur à la surface et à absorber les produits de la transpiration, qui existe alors même qu'elle n'est pas apparente sous forme de sueur.

Nous n'avons pas à entrer dans le détail des diverses parties qui composent un vêtement, nous dirons seulement que les parties essentielles sont la chemise, le pantalon, une espèce de robe ou de blouse, des bas et des chaussures convenables.

La chemise doit être en coton, elle ne sera ni trop épaisse, ni trop mince, mais on aura le soin de la laisser très large autour du cou et aux épaules, afin de ne gêner en rien les mouvements de l'enfant. La chemise qui est appliquée directement sur le corps se charge plus facilement des souillures et saletés de la peau ; il est important à cause de cela de la changer souvent et d'en avoir une qui serve pendant le jour et une autre pendant la nuit.

Puisque nous parlons de la partie du vêtement qui s'applique sur le corps d'une manière immédiate, il est bon de dire un mot de l'usage qui tend à s'introduire, de faire porter de la flanelle aux enfants.

La plupart n'en ont pas besoin et c'est une erreur que de croire qu'il est bon de l'imposer à l'enfant sous prétexte de le garantir des rhumes et d'autres incommodités ; c'est une servitude que l'on crée à ce jeune être, on atteindrait bien plus sûrement ce but en lui faisant journellement de bonnes lotions ; dans tous les cas, une mère prudente n'imposera pas à son enfant l'usage de la flanelle sans avoir pris l'avis du médecin. S'il doit en porter elle n'oubliera pas qu'il faut changer un vêtement en flanelle plus souvent qu'une chemise en coton, parce que la laine s'imprègne de sueur, irrite vivement la peau et peut amener de vives démangeaisons. Il n'est pas au reste aussi difficile, aussi dangereux qu'on le croit de quitter la flanelle après l'avoir portée plus ou moins longtemps. Pour les enfants comme pour les adultes, il suffit de profiter des chaleurs de l'été pour prendre cette nouvelle habitude.

Été comme hiver, il sera bon de faire porter des pantalons aux enfants. Le pantalon ne doit pas serrer la taille, il doit être assujetti au corsage par des boutons, être ample pour ne pas gêner les mouvements des jambes et descendre un peu au-dessous des genoux. Comme les autres parties des vêtements qui sont directement en contact avec la peau, les pantalons doivent être changés souvent et entretenus dans la plus grande propreté. Les jambes de l'enfant seront protégées par de longs bas qui monteront au-dessus du genou et s'engageront dans le pantalon. Ces bas pourront être en laine pour l'hiver. Ils seront maintenus en place par un cordon élastique s'attachant à la taille. Il est bon de ne pas se servir de jarretières, qui gênent la circulation du sang si elles sont formées par des élastiques trop minces qui laissent une trace profonde sur la chair.

Quand les enfants sortiront en hiver, il sera bon de couvrir leurs mains avec des gants larges et souples. Mais on ne leur mettra jamais un cache-nez ; c'est une habitude dangereuse contre laquelle on ne saurait trop tenir en garde les mères de famille, si elles ne veulent pas exposer leurs enfants à des angines souvent graves.

Nous n'avons pas à entrer dans des détails sur la forme à donner aux autres parties du vêtement, nous recommanderons seulement qu'ils ne gênent en rien les mouvements et le développement du corps, tout en le mettant à l'abri des changements fâcheux de température.

Les mères doivent ne jamais oublier que ce n'est pas assez de se guider d'après les saisons pour habiller les enfants, mais qu'il faut tenir compte des changements de temps qui se produisent dans la même journée. Il faut savoir, quelle que soit la saison, ôter une pièce de vêtement quand la chaleur augmente, en ajouter une autre quand la fraîcheur se fait sentir.

Les vêtements de laine et de couleurs sombres garantissent le mieux contre le froid et l'humidité, aussi la mère les choisira-t-elle pour l'hiver; au contraire, elle préférera pour l'été les vêtements d'étoffes plus légères, de couleur blanche ou claire.

Il est utile d'habituer les enfants des deux sexes à rester la tête découverte autant que possible : il y a lieu pourtant de la protéger l'été contre les rayons ardents du soleil par un léger chapeau de paille, et dans les jours froids par un petit chapeau en feutre ou une casquette légère. Ils se trouveront bien de prendre l'habitude de laisser le cou à découvert, ils ne porteront pas de cravate et s'aguerriront contre les changements atmosphériques ; ce sera le meilleur préservatif contre les angines.

Que les mères n'oublient pas que de la propreté des vêtements dépend souvent la santé des enfants, *que la propreté est le luxe nécessaire*, et qu'il n'est pas de mère attentive, si pauvre qu'elle puisse être, qui à force d'ordre et de soins ne puisse se le procurer.

CHAUSSURES. — La meilleure chaussure est celle qui s'accommode le mieux à la forme du pied, qui ne lui cause aucune gêne et lui laisse la plus grande liberté.

Une bonne chaussure doit avoir une semelle un peu large et se terminer carrément, pour ne pas serrer le pied. Aussi longtemps que possible, la chaussure de l'enfant n'aura pas de talon, et quand on en mettra, on les fera bas et aussi larges que la semelle elle-même.

Les bouts pointus empêchent le développement des doigts et doivent être proscrits comme les talons élevés.

Les hauts talons facilitent les chutes des enfants, les exposent aux entorses, sont causes, par la position qu'ils donnent au pied, que les orteils en buttant contre l'extrémité du soulier, se replient et se blessent.

Les meilleures chaussures sont des bottines boutonnées ou encore mieux lacées sur le cou-de-pied, elles doivent être préférées aux bottines à côtés élastiques, qui trop souvent serrent d'une manière fatigante. Quelle que soit la forme de la chaussure, il faut surtout veiller à ce qu'elle ne soit ni courte, ni étroite, si on veut pouvoir marcher facilement et ne pas se déformer les pieds.

De fortes bottines sont très bonnes pour sortir par l'humidité, mais en rentrant à la maison, il faut pouvoir ôter les chaussures mouillées et en mettre d'autres qui soient sèches. L'enfant ne doit jamais garder des chaussures humides, ni les sécher en hiver en face du feu : mépriser cette règle, ce serait le vouer aux engelures. Si on ne peut avoir des chaussures de rechange, il vaudra mieux mettre des caoutchoucs aux enfants pour les faire sortir par le mauvais temps ; il sera mieux encore de leur faire porter des chaussures de cuir à semelles de bois ou de légers sabots.

Si les enfants sont à la campagne, c'est la chaussure la meilleure, la plus hygiénique.

Que les mères n'oublient pas qu'il est de la plus haute importance pour elles de veiller à ce que leurs enfants aient toujours les pieds secs ; elles leur éviteront ainsi bien des indispositions et peut-être même bien des maladies graves.

VI

La Nourriture.

Les mères de famille ne sauraient trop se pénétrer de cet axiome : « *On n'est pas nourri de ce que l'on mange, mais de ce qu'on digère.* » Elles éviteraient ainsi bien des imprudences qui nuisent gravement à la santé de l'enfant ; elles le verraient grandir et se fortifier, parce qu'elles lui donneraient toujours une nourriture appropriée à ses besoins, soit comme qualité, soit comme quantité, parce qu'elles la modifieraient suivant l'âge et le tempérament du bébé.

Bien régler l'alimentation est donc une chose importante, aussi devons-nous résumer les principes qui doivent diriger les mères dans cette tâche difficile. A l'âge de deux ans, l'enfant a généralement *les premières dents* complètes, aussi à ce moment, peut-on commencer à lui donner des aliments plus variés qu'à l'époque du sevrage. Aux enfants de cet âge, on donnera trois fois par jour du potage au gras avec des pâtes, des farines et fécules diverses, des panades, des potages au lait, des œufs à la coque, brouillés, etc. Dans l'intervalle des repas on pourra donner du lait, une croûte de pain que l'enfant ramollira entre ses dents. Il sera bon de lui faire manger un peu de viande dès que le nombre des dents de lait sera au complet. La viande doit être donnée de bonne heure, surtout aux enfants des villes, qui sont privés du grand air, aux enfants délicats, à chairs blanches et molles : il faudra agir de même si l'enfant est né dans un pays froid et humide.

Dans tous les cas, il ne faudra donner de la viande aux enfants qu'avec prudence et en allant peu à peu, de quantités très petites à des quantités plus grandes. Le choix des viandes n'est pas indifférent : la volaille, les viandes de boucherie comme le bœuf, le mouton, le veau, valent mieux pour l'enfant que le gibier ; on peut lui donner sans crainte de la viande de porc, à la condition *qu'elle soit bien cuite* ; si elle est fraiche, elle leur fera plus de bien que si elle est salée. Mais il est de la plus haute importance de n'offrir à l'enfant que de la viande coupée en petits morceaux et de bien veiller à ce qu'il ne l'avale qu'après l'avoir bien mâchée : il ne faut pas oublier le proverbe : « Morceau bien mâché est à moitié digéré. » Les viandes grillées ou rôties sont de beaucoup préférables aux viandes bouillies ; mais pourtant, si on ne peut les donner sous cette forme, il vaut mieux que les enfants faibles les mangent ainsi, plutôt que de ne pas en manger du tout. On évitera de donner à l'enfant des aliments épicés, faisandés, mais on ne craindra pas d'ajouter du sel à sa nourriture ; on rendra ainsi leur digestion plus facile.

A mesure que l'enfant grandira, on augmentera la quantité de viande qui entrera dans son alimentation ; on y joindra une certaine quantité de légumes, mais quand il s'agira de farineux, comme les pois, les haricots, les lentilles, les pommes de terre, on ne les donnera que bien écrasés, ou mieux sous forme de purée.

La plupart des fruits peuvent être donnés aux enfants sans inconvénients, à condition qu'ils soient mûrs et de bonne qualité. Les fraises, les framboises, les raisins, les poires, sont ceux qui conviennent le mieux : il faut se montrer plus réservé pour les groseilles, les fruits à noyaux comme les cerises, les abricots, les prunes, etc., ils semblent plus difficiles à digérer et les derniers présentent en outre de véritables dangers, parce que si l'enfant n'est pas sérieusement surveillé, il avale souvent les noyaux, ce qui est la cause d'accidents de la plus haute gravité.

Il est bon de proscrire des repas des enfants les noix, les

noisettes, les amandes qu'ils ne mâchent trop souvent que d'une manière incomplète, et qui non seulement traversent le corps comme elles ont été avalées, c'est-à-dire sans aucune utilité, mais encore donnent avec de grandes fatigues de véritables indigestions.

Les fruits cuits et les confitures sont facilement digérés, il en est même qui purgent légèrement, et on ne saurait trop les recommander aux enfants prédisposés à la constipation.

Nous engageons les parents à se méfier des confitures qui viennent de chez les pâtissiers et les épiciers, et de leur préférer toujours celles qui ont été préparées dans la famille.

Quels que soient les aliments que l'on donne au bébé, il ne faut pas oublier qu'il se fatigue vite de la nourriture ; si elle n'est pas variée, son appétit diminuera et sa santé dépérira.

Comme boisson, celle que l'on doit choisir par dessus toutes, c'est de l'eau douce de bonne qualité. Il sera utile d'ajouter un peu de vin à l'eau pour les enfants souffreteux ; il faut dans tous les cas se garder de leur donner du vin pur, des liqueurs, du café, du thé, et en général de toutes les boissons qui pourraient les surexciter sans nécessité.

Les mères ne sauraient trop veiller à la régularité des repas de leurs enfants. Ce n'est pas sans un grand préjudice pour la santé, qu'elles oublieraient ce précepte. Le principal repas se fera dans le milieu de la journée, celui du soir devra toujours être beaucoup plus léger; il pourrait, dans les premiers temps surtout, se composer d'un simple potage au lait ou au gras, d'un œuf à la coque. C'est surtout au repas du soir qu'il faut éviter les boissons excitantes.

Les repas seront plus nombreux dans les premiers mois qui suivent le sevrage qu'ils ne le seront plus tard ; les enfants dans le jeune âge ont besoin de manger plus souvent, parce que leur digestion est plus rapide.

Mais il ne faut jamais donner de nourriture à un estomac qui n'a pas fini de digérer. Une mère soucieuse de la santé de son enfant doit lui fixer des heures régulières, et ne jamais le laisser manger dans l'intervalle de temps qui les sépare ; il est facile d'atteindre ce but à la maison, mais il est souvent difficile à l'extérieur, aussi est-il important d'habituer les enfants à ne jamais rien accepter des personnes étrangères sans la permission expresse de leurs parents, à ne jamais cueillir aucun fruit sans permission.

Voici la règle que l'on pourra suivre pour le nombre des repas :

A l'âge de deux ans, l'enfant doit faire cinq repas, un peu plus tard quatre suffiront.

Le premier aura lieu le matin après la toilette, et se composera de soupe ou de lait ; vers midi, on fera le second qui sera complet ; à quatre heures, une collation légère, un peu de pain avec du chocolat, un fruit, etc.; vers six heures, un repas qui ressemblera, comme composition, au repas de midi, mais qui sera toujours moins copieux.

Bien des parents ont un principe que nous croyons devoir combattre : il faut, disent-ils, qu'un enfant mange de tout, et on ne saurait l'y habituer de trop bonne heure. Nous dirons, au contraire : « Ne forcez jamais un enfant à man-
» ger ce qu'il laisse sur son assiette, à moins que vous ne
» soyez certains que c'est par pure fantaisie. » Ces refus viennent souvent de répugnances invincibles de l'estomac; essayer de les vaincre amènerait des troubles dans la digestion, du dérangement, sinon de véritables indigestions. Si l'enfant n'a pas d'appétit, s'il refuse toute alimentation, soyez certain qu'il n'est pas bien, ne le forcez pas à manger, rendez-vous compte de la cause de cette perte d'appétit, voyez s'il n'est pas constipé, si la langue n'est pas sale,

s'il n'a pas de fièvre ; si vous ne découvrez rien, faites venir le médecin qui sera le meilleur juge en pareille matière.

VII
Les soins corporels de propreté.

On peut avancer que si l'homme vit par l'air qu'il respire, il vit autant par l'air dans lequel il est baigné de toute part, aussi est-il de la plus haute importance à toute époque de la vie et surtout dans l'enfance, de tenir le corps dans un grand état de propreté, on permettra ainsi à la peau de subir l'action vivifiante de l'air et de rejeter à l'extérieur une foule de substances dangereuses pour la santé. Notre peau est comme un crible : si ses trous se bouchent, cela ne peut être qu'au grand détriment de la santé, les soins de propreté sont destinés à les déboucher, si on peut employer cette expression. Pour atteindre ce but, il faut soumettre l'enfant à de fréquents lavages et changer souvent le linge de corps dont il est revêtu.

On a recommandé ailleurs d'habituer l'enfant dès sa naissance à des lavages faits avec de l'eau tiède dont on abaisse progressivement la température jusqu'à l'âge de cinq ans.

Il faudra faire ces lotions le matin un peu après que l'enfant sera levé, lorsque la moiteur du lit aura disparu, on placera l'enfant dans un baquet, on prendra une serviette pliée en plusieurs doubles et trempée dans l'eau, elle servira à frotter d'abord une seule jambe et le pied. Dès que le linge est échauffé par les frictions, on essuie le membre avec une serviette sèche ; on fait ainsi de l'autre jambe, des cuisses et de toutes les parties du corps. On aura soin surtout de bien laver celles où la transpiration est la plus abondante, comme la tête, les aisselles, les pieds, l'espace compris entre les jambes : il faudra veiller à essuyer avec grand soin toutes les parties du corps dès qu'elles ont été lavées ; on habille aussitôt le bébé, on le fait couvrir et on le laisse ainsi se réchauffer.

BAINS ET TOILETTE

Avec ces lavages quotidiens, il suffira de donner un bain par semaine, il ne doit pas être prolongé au delà de dix minutes : un bain plus long ne pourrait qu'affaiblir l'enfant.

Pour terminer le bain, on prend l'éponge, on la remplit d'eau et à plusieurs reprises on l'exprime fortement de manière à faire ruisseler l'eau sur le dos, les reins, l'abdomen et le haut des cuisses. Pour essuyer l'enfant, il faut prendre un grand linge chaud, l'y rouler, puis le frotter soigneusement dans toutes les parties du corps où peut se trouver de l'humidité.

Nous ne saurions trop recommander les lavages au baquet, ils présentent beaucoup d'avantages et n'obligent pas à autant de précautions qu'un grand bain.

On aura soin d'entretenir dans un état complet de propreté les organes génitaux par des lavages quotidiens, l'oubli de cette précaution amène chez les petits garçons de l'irritation suivie de démangeaisons, l'enfant se gratte et l'inflammation augmente, de là trop souvent de mauvaises habitudes préjudiciables à la santé, qu'il devient bien difficile de réformer quand l'enfant grandit.

Il faut de temps en temps couper les ongles des mains pour les maintenir à la longueur des doigts sans les laisser trop dépasser, on les tiendra propres et on aura le soin de les redresser s'ils présentaient de la tendance à se recourber. Une tout aussi grande attention sera donnée à l'entretien des ongles des pieds ; on les taillera carrément, on veillera à ce que l'enfant ne porte jamais de chaussures trop justes et on le préservera ainsi d'une infirmité, l'ongle incarné.

Malgré l'usage adopté par le plus grand nombre des

mères qui sont fières de voir la tête de leurs enfants couverte d'une longue chevelure, nous ne saurions trop les engager à leur faire porter des cheveux courts jusqu'à six ou sept ans, que ce soient des petits garçons ou des petites filles. On entretiendra plus facilement dans un état de propreté la peau de la tête et on leur assurera pour l'avenir une plus belle chevelure. Il est fort inutile d'employer de la pommade : des cheveux bien brossés seront toujours brillants. Une brosse un peu rude débarrassera très bien la chevelure des pellicules qui la salissent souvent ; son emploi est de beaucoup préférable à celui du peigne, qui irrite la peau et arrache les cheveux.

Nous ne pouvons terminer ces quelques indications sans parler des soins de la bouche et des dents. Bien des parents ne s'en préoccupent pas, parce que, disent-ils, les dents de lait doivent tomber. Cependant, vers quatre ou cinq ans apparaissent les quatre premières grosses dents qui ne doivent pas se renouveler ; dès ce moment, il est important de faire attention aux dents de l'enfant ; il faudra les nettoyer journellement avec une brosse ; il sera bon d'employer de la *craie lavée*, que l'on trouve dans toutes les pharmacies, quand les dents ne seront tenues propres qu'avec difficulté.

On interdira à l'enfant de casser avec les dents des objets durs, comme des noix, des amandes, des noyaux de fruits, etc. On veillera aussi à ce qu'il ne s'endorme pas avec des aliments mâchés dans la bouche ; enfin on fera arracher à temps les dents de lait qui ne feraient pas place assez tôt à celles qui poussent vers six ou sept ans et qui forment la seconde dentition.

VIII

Hygiène et éducation des sens.

Les sens ont été donnés à l'homme pour se mettre en

rapport avec ce qui l'entoure. Ces rapports seront d'autant plus parfaits que les organes des sens seront plus régulièrement développés, ce sont des instruments qui rendront d'autant plus de services qu'ils seront en meilleur état.

L'hygiène des organes des sens se borne le plus souvent à quelques soins de propreté, à certaines précautions pour faciliter leur développement dans une bonne direction en leur donnant un exercice intelligent et en évitant la fatigue.

Nous n'avons pas à rappeler que les cinq sens sont : le toucher, le goût, l'odorat, l'ouïe et la vue, et que leurs organes sont la peau, la bouche, le nez, l'oreille et l'œil ; nous nous contenterons de parler des soins qui peuvent, dans l'enfance, favoriser leur développement.

§ 1er. LE TOUCHER. — Le sens du toucher se trouve répandu sur toute la surface du corps, comme la peau qui le recouvre ; aussi prendre soin de la peau, c'est assurer le développement de ce sens. La peau de l'enfant est fine et délicate, on évitera donc tout ce qui peut l'irriter ou l'entamer ; on en pansera avec soin les blessures légères, les coupures, les gerçures, les gelures, etc., et les diverses inflammations qui peuvent se manifester : les engelures et choses semblables. Bien des fois les enfants sont agités, manifestent de la douleur pendant le sommeil ; cet état de souffrance est causé par une simple écorchure qui aura enlevé une partie de l'épiderme, mis la peau à vif, comme on dit vulgairement et rendu le moindre attouchement, le moindre frottement douloureux sur ce point.

Si la peau tout entière est l'organe du toucher, celle des mains semble l'être d'une manière plus parfaite ; aussi ne saurait-on habituer de trop bonne heure les enfants à se servir avec habileté de leurs doigts et de leurs bras. On devra exercer les deux bras et les deux mains avec le même soin, afin d'éviter autant que faire se peut la maladresse habituelle de la main gauche.

L'éducation du sens du toucher peut se résumer dans les deux principes suivants : endurcir la peau des mains tout en les rendant habiles à percevoir les diverses sensations.

§ II. Le goût. — La bouche et en particulier le palais, la langue, les gencives, les lèvres, peuvent être le siège d'une irritation, dont le résultat est d'augmenter la sensibilité et de l'émousser ensuite si elle se prolonge. Cet état est souvent causé par des substances irritantes que l'enfant aura introduites dans la bouche, par l'usage de mets trop épicés ou trop salés, par l'usage de viandes faisandées et surtout des boissons alcooliques.

L'éloignement de la cause du mal, des soins de propreté, guériront d'ordinaire l'enfant; s'il en était autrement, il serait bon d'appeler le médecin.

Souvent les enfants repoussent certains aliments qui n'ont pas mauvais goût. Il ne faut pas user de violence dans ces cas; mais on doit chercher à les leur faire accepter soit par des caresses, soit par des récompenses. Souvent ces répugnances ne sont pas le fait seulement d'un caprice, mais sont causées par des dégoûts invincibles de l'estomac; on pourrait rendre malade un enfant en le violentant.

§ III. L'odorat. — La membrane qui recouvre les narines à l'intérieur est le siège du sens de l'odorat; elle s'enflamme, s'épaissit à la longue, et la sensibilité de l'odorat peut disparaître d'une manière passagère comme dans le rhume de cerveau, ou bien d'une manière durable. Pour éviter ces accidents, il sera bon de défendre à l'enfant de mettre les doigts dans le nez, de laver à l'eau tiède, à l'aide d'une petite seringue, l'intérieur des narines, si des croûtes s'y formaient. Il faut surtout les empêcher d'introduire dans les narines des corps étrangers tels que des pois, des haricots, des noyaux de fruits; bien des fois de graves accidents se sont produits chez des enfants qui avaient oublié cette recommandation.

§ IV. L'ouïe. — Il importe d'abord de maintenir l'oreille dans un état complet de propreté par des lavages fréquents; on aura soin d'enlever chaque jour ce dépôt jaune appelé *cérumen*, produit dans le conduit de l'oreille, qui, en s'amassant, peut causer la surdité partielle ou complète. Si, faute de ces soins journaliers, un enfant avait l'oreille obstruée par le *cérumen*, il faudrait faire des injections avec de l'eau tiède et les répéter jusqu'à dégagement complet; des injections avec de l'eau de mauve font cesser certaines irritations; mais si l'enfant a de l'inflammation, il faudra faire intervenir le médecin, plutôt que d'essayer ces remèdes de bonnes femmes qui ne guérissent pas, et qui, souvent, aggravent le mal à cause du temps que l'on perd avant d'y porter sérieusement remède.

On ne saurait trop recommander aux enfants de n'introduire aucun objet dans l'oreille; si, malgré ces recommandations, ils y mettaient des graines de plantes ou d'autres objets, il faut les faire enlever au plus tôt par le médecin; on évitera ainsi des accidents de la plus haute gravité.

On ne doit pas oublier que l'organe de l'ouïe est en rapport direct avec le cerveau, et que son ébranlement trop fort ou trop brusque peut devenir le point de départ de la perte totale ou d'une perte partielle de cette fonction.

Il est établi que des cris aigus, les embrassements bruyants sur l'oreille, de violentes détonations d'armes à feu, etc., ont amené la surdité par la paralysie du nerf auditif ou par la déchirure du tympan, et ont causé même parfois des convulsions, qui entraînent la surdité pour la vie. Ce n'est pas sans danger que l'on tirera ou que l'on frappera violemment l'oreille d'un enfant; on a vu souvent de graves accidents se déclarer à l'intérieur de l'oreille à la suite d'un fort coup donné sur cet organe.

On ne saurait trop recommander aux mères de ne pas faire porter des boucles d'oreilles à leurs fillettes, on n'obtient aucun avantage en les portant et on s'expose gratuitement à déchirer la portion inférieure de l'oreille à laquelle s'attache le pendant.

§ V. La vue. — Plus qu'aucun autre organe des sens, l'œil a besoin d'être surveillé d'une manière intelligente, car c'est dans l'enfance que se contractent certaines infirmités qu'on ne pourra guérir plus tard.

Il faut éviter autant d'exposer un enfant à une lumière trop vive que de l'habituer à une lumière trop faible, il doit être soumis à une lumière modérée. Il faut éviter de l'exposer à l'éclat du soleil, surtout s'il éclaire un terrain sablonneux ou couvert de neige; on évitera aussi de lui faire fixer des couleurs trop vives, de le faire passer brusquement de l'obscurité profonde à une lumière éclatante, si on ne veut pas épuiser rapidement la sensibilité de l'œil.

Une lumière trop faible est aussi une source de fatigue, parce que l'œil devient trop sensible et souffre dès qu'il est exposé à une clarté un peu grande.

On veillera à la manière dont le lit de l'enfant est placé par rapport aux fenêtres : un lit mal placé est souvent une cause de loucherie. On évitera les longues veillées à la lumière du gaz ou à la flamme vacillante d'une bougie : on ne permettra jamais à l'enfant de lire ni de travailler le soir.

La mère lui défendra de se frotter les yeux avec les doigts, les mains de l'enfant ne sont pas toujours propres et causent souvent des inflammations longues à guérir chez les enfants délicats. Tous les matins elle lavera les yeux du bébé avec de *l'eau chaude* pour enlever la chassie qui se produit surtout pendant le sommeil et colle parfois les paupières.

C'est dans l'enfance que se contractent *la myopie*, qui ne permet de voir que les objets placés à une faible distance, et *la presbytie*, qui ne permet de voir distinctement que ceux qui sont assez éloignés. Les soins, la vigilance d'une mère attentive peuvent préserver l'enfant de ces deux infirmités.

Jusqu'à l'âge de sept ans, la portée de la vue est courte, et l'enfant cherche à rapprocher de son œil les objets, à les faire toucher presque avec le bout de son nez. S'il n'est pas surveillé, il deviendra myope, surtout s'il habite une ville. La mère doit de bonne heure habituer l'enfant à regarder les objets dont il fait usage à une distance de vingt à trente centimètres. Il faudra bien veiller à cela lorsqu'il commencera à lire, à écrire, à faire des travaux à l'aiguille.

Il ne faudra jamais mettre entre les mains des enfants des livres à caractères trop fins ; quand on commencera à les faire lire, il vaudra mieux ne leur donner que des ouvrages imprimés en gros caractères. Il n'est pas jusqu'aux jouets sur lesquels on ne doive porter l'attention ; il faut interdire tous ceux qui sont trop petits et que l'enfant est porté à trop rapprocher des yeux lorsqu'il veut s'en servir : on éloignera ainsi une cause fréquente de myopie.

Pour les enfants des villes qui vivent dans des appartements restreints, qui n'ont d'autre horizon que les murs d'une cour ou des maisons de l'autre côté de la rue, il faudra les obliger dans leurs promenades à fixer des objets placés à une assez grande distance et à en faire la description. Cet exercice sera très bon pour tous les enfants que l'on commencera à appliquer à l'étude, ce sera un excellent moyen de reposer la vue. Au reste, les habitants de la campagne, ceux qui vivent au bord de la mer ont en général la vue beaucoup plus longue, par l'habitude qu'ils prennent dès leur enfance de fixer des objets à grande distance.

Mais ils sont exposés à ne pas distinguer nettement les objets un peu rapprochés ; ils sont presbytes ; pour eux, il faudra les habituer à fixer les objets placés à de courtes distances ; on obtiendra ainsi une vue dont la portée sera moyenne.

IX
Exercice. Sorties. Promenades.

L'enfant a besoin de vivre au grand air, nous ne saurions trop le rappeler aux mères de famille ; plus il pourra vivre au grand air, plus on assurera son développement régulier et sa santé.

Dès le matin, dès que la toilette du bébé est faite, on ouvrira largement la fenêtre de la chambre afin de la purifier et de laisser entrer largement la lumière et le soleil. On choisira dans la journée le moment le plus favorable pour la promenade, c'est-à-dire l'heure où le soleil brillera, l'heure où on n'aura à craindre, suivant les saisons, ni trop de froid, ni trop de chaleur. Si on peut conduire le bébé dans la campagne, ce sera la meilleure chose ; si on vit dans une grande ville et que la chose soit impossible, la mère de famille conduira son enfant dans les squares et les jardins publics, elle devra se persuader qu'il ne suffit pas de le charrier dans des rues souvent étroites, sombres, et rarement ensoleillées. Cette sortie quotidienne doit avoir lieu d'une manière régulière, hiver comme été, à moins de pluies trop violentes ou d'un froid extraordinaire. Il faut choisir, dans la mauvaise saison, les endroits bien abrités, secs, exposés au Midi ou au Levant. Pendant l'été, on recherchera les frais ombrages pour garantir l'enfant de la chaleur et des rayons trop ardents du soleil ; à cet âge un *coup de soleil* peut amener de graves maladies, et il faut peu de chose pour le prendre. En été, une promenade dans la matinée sera une bonne chose et préparera l'enfant pour son repas du milieu du jour; il sortira encore dans l'après-midi si le temps le permet.

On ne peut et on ne doit pas condamner les enfants à se promener comme de grandes personnes, il faut qu'aux heures de promenade ils puissent se rouler sur l'herbe, courir, grimper, prendre de l'exercice, en un mot : il faut que les mères de famille ne considèrent pas la promenade comme une occasion de montrer les toilettes de leurs enfants, elles doivent les habiller assez simplement pour qu'ils puissent jouer, courir, gambader, se rouler sans songer à leurs vêtements. Il est vrai que dans leurs jeux ils pourront faire quelques chutes, se faire quelques bosses ou quelques égratignures, il n'y aura pas grand mal à cause de la souplesse des membres d'un jeune enfant, et le bébé apprendra ainsi à être dans l'avenir plus prudent, plus attentif pour éviter de semblables accidents. Ces conseils s'adressent aussi bien aux petites filles qu'aux petits garçons; à cet âge, elles ont autant besoin qu'eux de sauter, de courir, de gambader.

Lorsqu'il pleut et que les enfants ne peuvent pas sortir, il faut les faire jouer dans une pièce bien aérée : il ne faudra pas les gronder s'ils font de la poussière et du bruit, on ne devra pas oublier que *la vie de l'enfant est le mouvement*. La durée de la promenade ne doit pas être exagérée, il faut mettre les forces en jeu, mais éviter de causer une fatigue trop grande. L'enfant qu'il faut porter au retour, qui, arrivé à la maison, s'endort et refuse de manger, a été trop fatigué.

Il est impossible d'établir à ce sujet de règle trop absolue ; il faut étudier chaque enfant, apprendre à le connaître pour ne rien lui demander qui dépasse ses forces : il faut le laisser se reposer dès qu'il se sentira fatigué. Vouloir faire marcher un enfant trop tôt, le faire marcher malgré sa faiblesse, et surtout trop longtemps, peut amener dans ses petites jambes une difformité difficile à disparaître. Il est dangereux de faire avec les enfants certains mouvements, de les enlever de terre par la tête, par les oreilles, par un bras, de les balancer en l'air, etc., des accidents graves ont parfois été la conséquence de pareils badinages.

Faut-il enseigner la gymnastique aux enfants au-dessous de six ans ? La gymnastique proprement dite est inutile, sinon dangereuse à cet âge, mais on ne saurait trop conseiller d'habituer les enfants, dès l'âge de six à sept ans, à exécuter des mouvements rythmés des diverses parties du corps, les accompagner de chants pour les rendre plus réguliers ne saurait être trop recommandé : on développera ainsi la poitrine, les poumons et, en un mot, la voix. On pourra les associer à des camarades du même âge pour ces divers exercices.

X
L'Étude. — Ses dangers dans la seconde enfance.

Une mère, un père de famille sont souvent fiers de présenter leurs enfants comme de petits prodiges, qui dès trois ou quatre ans sauront lire, tout au moins pourront réciter une fable, un compliment en vers et mille choses semblables; l'enfant tout jeune sera un petit prodige et même un enfant terrible ; on fera pour lui de magnifiques projets d'avenir. Mais, hélas ! quand il sera arrivé à l'âge où il faut étudier sérieusement pour préparer une carrière, le prodige de quatre ans ne répondra pas aux espérances que l'on avait formées sur lui, il végétera dans la jeunesse pour être un fruit sec dans l'avenir. La famille se désole alors et pourtant elle est seule coupable, elle a voulu faire porter des fruits à l'arbre avant qu'il fût développé; elle a demandé au cerveau du pauvre enfant un travail qu'il n'a pu supporter. Le paysan, l'ouvrier sont plus raisonnables que les parents des classes supérieures, ils n'imposeront jamais à leurs enfants un travail que leur corps ne pourra porter. S'il est dangereux de surmener les membres, il est plus dangereux encore de surmener le cerveau, qui est l'instrument de notre pensée, et qui met notre âme en communication avec ce qui nous entoure.

S'il est dangereux d'appliquer trop tôt un enfant à l'étude, il ne faut pas pour cela le laisser dans l'ignorance, il faut l'instruire en attirant son attention sur tout ce qui l'entoure, lui expliquant les choses qui se trouvent en contact avec lui tous les jours, et surtout ne lui donnant que des idées précises sur toutes choses. Dans la famille on se rapprochera des méthodes employées dans les écoles maternelles, et les premières études se feront sous forme de jeux. Les classes, si malgré tout l'enfant doit les suivre, seront courtes, interrompues par des repos fréquents ; on ne le tiendra pas appliqué à l'étude pendant plus d'un quart-d'heure ; les classes seront coupées par des jeux au grand air. Si à six ans un enfant sait lire, si on l'a habitué à réfléchir, le père et la mère devront se trouver heureux et ils sont en droit d'attendre dans l'avenir des progrès sérieux, parce que la terre où les maîtres auront à semer aura été préparée et surtout parce qu'elle ne sera pas épuisée par avance.

Pour nous résumer, pour l'enfant de deux à six ans, le moins de travail possible et le plus possible de vie au grand air.

XI
L'Hygiène comme morale préventive.

Nous ne pouvons terminer ces quelques conseils sans appeler l'attention des mères de famille sur un sujet des plus délicats, mais des plus importants pour l'avenir de leurs enfants, aussi allons-nous tâcher de le traiter avec la plus grande discrétion possible ; le cœur d'une mère saura nous deviner.

Parfois les enfants maigrissent, ils s'affaiblissent, deviennent irritables, leur sommeil agité ne les repose pas ; on ne peut découvrir de maladie, on attribue ces fatigues à la croissance et on ne fait rien.

Pourtant le mal augmente, les enfants éprouvent des accidents nerveux qui peuvent faire croire à des convulsions. Que les mères redoublent de vigilance, leurs pauvres enfants sont peut-être les victimes d'habitudes qui peuvent les conduire au tombeau ; qu'elles appellent le médecin, qu'elles lui fassent part de leurs craintes ; un examen attentif montrera peut-être que ces tristes habitudes sont la conséquence d'une conformation vicieuse et d'une irritation locale : dans ce cas des soins intelligents feront disparaître la cause du mal et le mal lui-même.

Si le médecin n'a trouvé aucune cause physique, que les mères surveillent surtout les personnes qui approchent de l'enfant, les nourrices, les bonnes, les enfants plus âgés, et souvent elles découvriront que ce sont des corrupteurs qui ont initié au mal ces pauvres petits êtres avant qu'ils puissent en avoir conscience.

Dans tous les cas on ne saurait trop lui inspirer d'horreur pour ces choses : il faut d'abord les défendre sous prétexte de propreté, plus tard mettre en jeu la conscience, punir même.

La meilleure diversion pour combattre ces habitudes chez les jeunes enfants consiste dans les jeux qui fatiguent le corps et qui donnent un sommeil profond et rapide : d'autre part on choisira pour toilette de nuit une longue robe sac dépassant les mains et les pieds, suffisamment pour qu'on puisse fermer les ouvertures à l'aide d'un cordon sans entraver les mouvements de l'enfant. De grands soins quotidiens de propreté seront très utiles pour faire disparaître toute cause d'irritation.

Mais prévenir vaut mieux que guérir ; aussi les mères doivent le moins possible livrer leurs enfants à des mains étrangères, et si elles y sont obligées, exercer la plus grande surveillance sur les personnes auxquelles elles les confient.

Conclusion.

Nous avons essayé d'exposer dans les pages qui précèdent les principes essentiels de l'hygiène de l'enfance de 2 à 6 ans. Ces principes, nous pouvons les résumer au moment de clore ce travail dans les propositions suivantes : Ce qu'il faut à un enfant c'est : 1° Beaucoup d'eau pour des ablutions ; 2° beaucoup de grand air ; 3° une nourriture simple avec abondance de lait et de pain ; 5° une privation complète d'excitants ; 6° une vigilante sollicitude de la mère pour éloigner tout ce qui pourrait devenir un danger pour ses enfants tant au point de vue physique que moral.

Quelles paroles pourrions-nous dire aux mères, plus vraies que celles qui terminent « l'Hygiène et l'éducation de la première enfance »; aussi croyons-nous devoir les reproduire comme conclusion de ces quelques pages :

« Notre mission est remplie, celle des mères commence.

» Nous leur avons dit tout ce qu'elles devront faire pour élever leur enfant. A elles de comprendre et d'observer les règles que nous leur avons tracées.

» Une bien douce récompense de leurs peines et de leurs fatigues les attend. Leur enfant croitra fort et vigoureux; dans une vingtaine d'années, elles s'appuieront avec confiance et orgueil sur le bras solide de leur fils, dont elles auront fait un homme.

» Elles auront développé les heureuses facultés de leur fille devenue une belle jeune femme.

» Elles se seront montrées dignes de la mission sacrée que Dieu leur a confiée, en les faisant participer activement aux jouissances et aux douleurs de la maternité.

» La société aura pour elles l'estime et le respect qu'impose le devoir accompli.

» L'humanité reconnaissante les bénira. »

Nous nous permettrons seulement de dire aux pères que plus l'enfant grandit, plus ils doivent prendre part à son éducation physique comme à son éducation intellectuelle et morale et que, surtout dès la seconde enfance, ils doivent partager et les sollicitudes et les dévouements de la mère; pour avoir droit avec elle à la reconnaissance de leurs enfants devenus chefs de famille, à la reconnaissance de leur patrie, à la reconnaissance de l'humanité entière.

Paris. — Imp. CHAIX (S. B), rue de la Sainte-Chapelle, 5. — 2521-2.

Organe de la Société.

JOURNAL D'HYGIÈNE

CLIMATOLOGIE

EAUX MINÉRALES, STATIONS HIVERNALES ET MARITIMES, ÉPIDÉMIOLOGIE

Bulletin des Conseils d'Hygiène et de Salubrité

PUBLIÉ PAR

Le Dr PROSPER DE PIETRA SANTA

Le Journal paraît tous les Jeudis.

20 francs par an   30, rue du Dragon

PARIS

EN VENTE AU BUREAU DE LA SOCIÉTÉ

30, RUE DU DRAGON, 30

HYGIÈNE ET ÉDUCATION

DE LA

PREMIÈRE ENFANCE

Brochure de 36 pages — 6e édition — à 0,10 c. l'exemplaire

(Cette brochure a été traduite dans toutes les langues étrangères.)

www.ingramcontent.com/pod-product-compliance
Lightning Source LLC
Chambersburg PA
CBHW060724050426
42451CB00010B/1613